AF558736

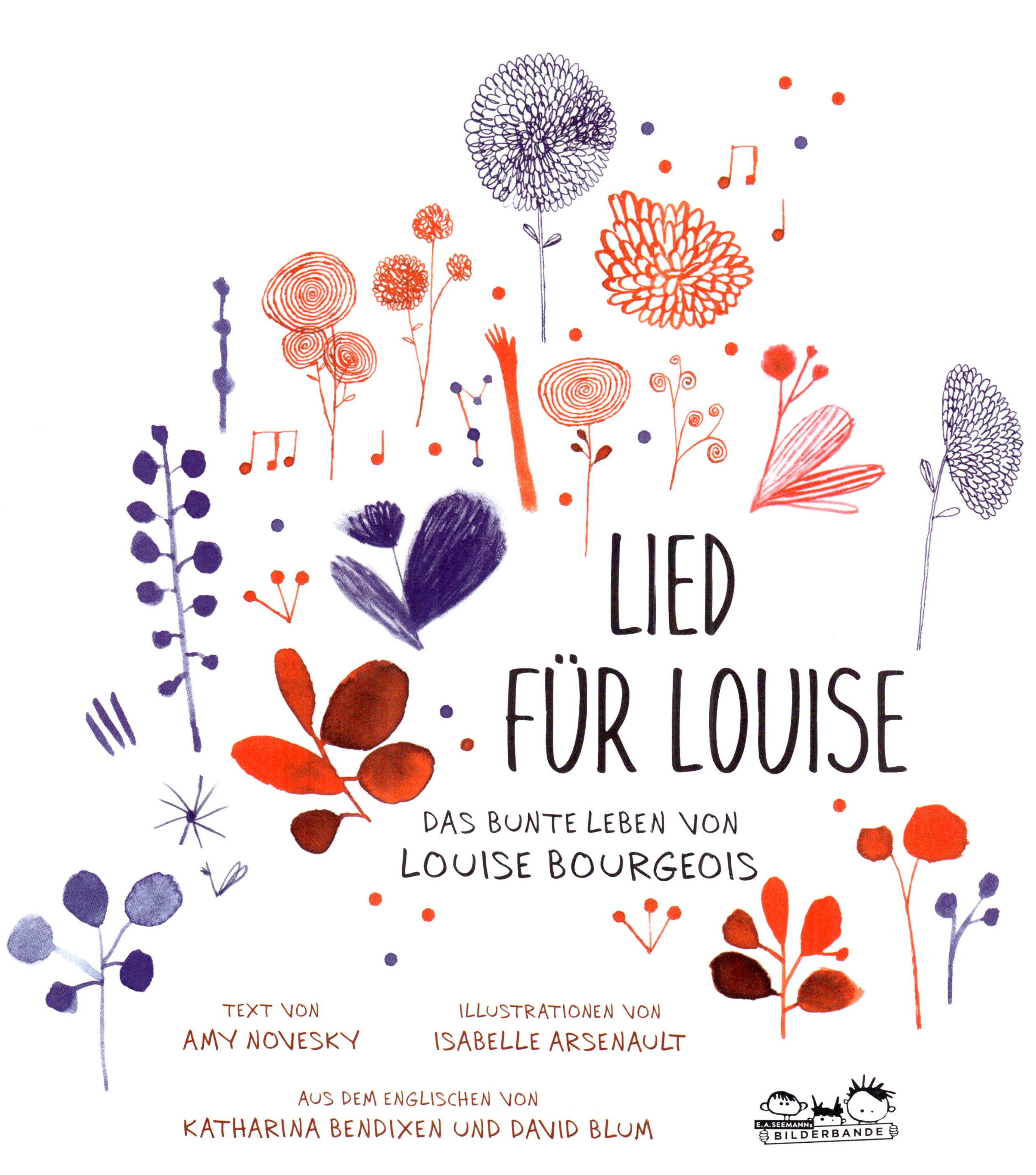

LIED FÜR LOUISE

DAS BUNTE LEBEN VON LOUISE BOURGEOIS

TEXT VON
AMY NOVESKY

ILLUSTRATIONEN VON
ISABELLE ARSENAULT

AUS DEM ENGLISCHEN VON
KATHARINA BENDIXEN UND DAVID BLUM

E. A. SEEMANNs BILDERBANDE

LOUISE WUCHS AN EINEM FLUSS AUF.

DER FLUSS SCHLÄNGELTE SICH WIE EIN LOSER WOLLFADEN DURCHS LAND. AM UFER STAND DIE VILLA, IN DER LOUISE MIT IHREN ELTERN LEBTE.

DIE ERDE AM FLUSS WAR SO FRUCHTBAR, DASS DIE FAMILIE EINEN BUNTEN GARTEN HERANWACHSEN SAH: KLETTERROSEN UND ROBINIEN, BLAUREGEN UND GOLDMARIE. KIRSCHEN, ÄPFEL UND PFIRSICHE REIFTEN AN WILDEN BÄUMEN.

AM FLUSSUFER HATTE LOUISES VATER PAPPELN GEPFLANZT.

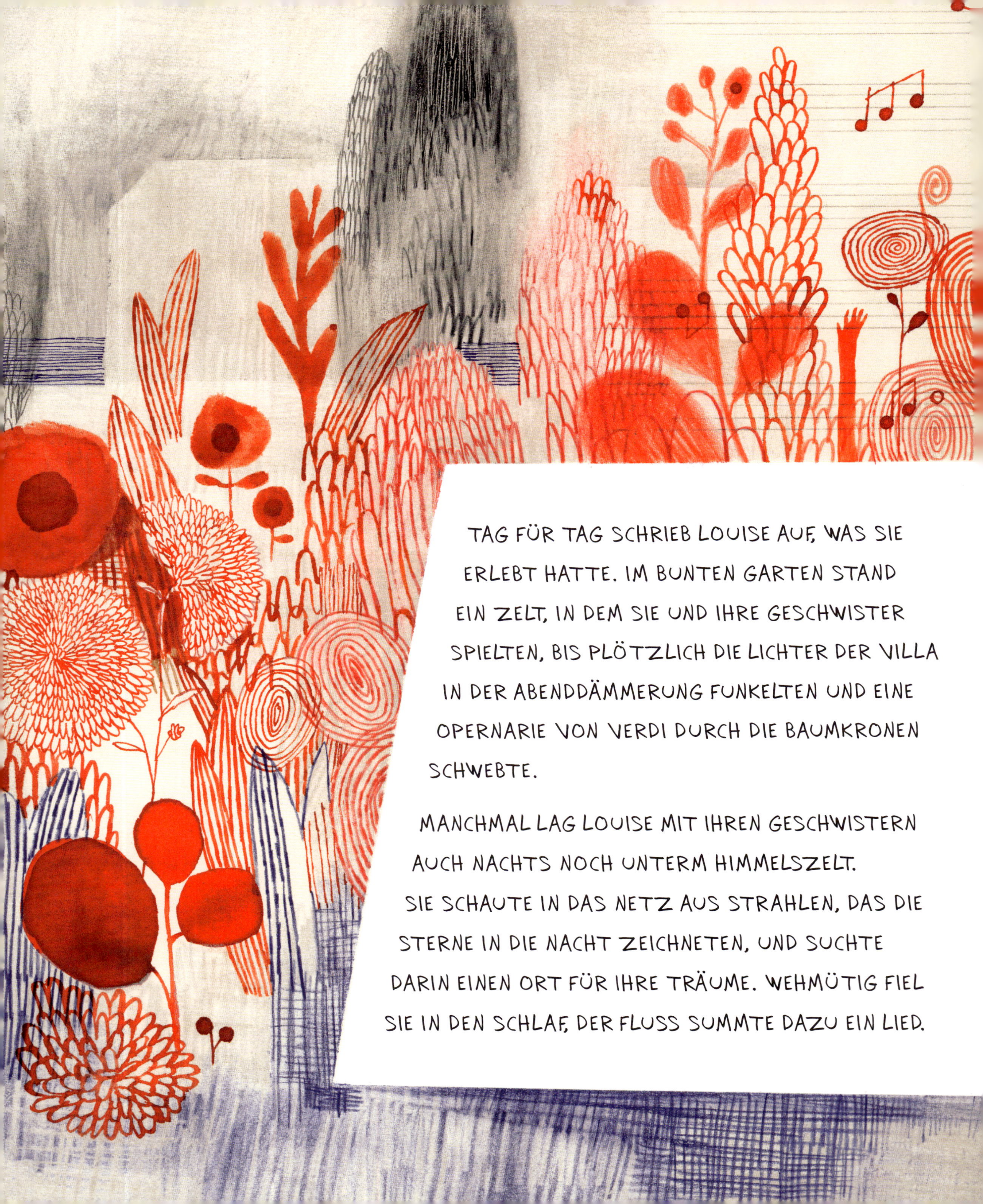

TAG FÜR TAG SCHRIEB LOUISE AUF, WAS SIE ERLEBT HATTE. IM BUNTEN GARTEN STAND EIN ZELT, IN DEM SIE UND IHRE GESCHWISTER SPIELTEN, BIS PLÖTZLICH DIE LICHTER DER VILLA IN DER ABENDDÄMMERUNG FUNKELTEN UND EINE OPERNARIE VON VERDI DURCH DIE BAUMKRONEN SCHWEBTE.

MANCHMAL LAG LOUISE MIT IHREN GESCHWISTERN AUCH NACHTS NOCH UNTERM HIMMELSZELT. SIE SCHAUTE IN DAS NETZ AUS STRAHLEN, DAS DIE STERNE IN DIE NACHT ZEICHNETEN, UND SUCHTE DARIN EINEN ORT FÜR IHRE TRÄUME. WEHMÜTIG FIEL SIE IN DEN SCHLAF, DER FLUSS SUMMTE DAZU EIN LIED.

DER FLUSS VERSORGTE NICHT NUR DEN BUNTEN GARTEN,
SONDERN AUCH DIE FAMILIE:
SEIT LANGEM RESTAURIERTE SIE TAPISSERIEN –
DAS SIND WERTVOLLE WANDTEPPICHE AUS WOLLE.
DAS WASSER GLÄTTETE UND STÄRKTE DEN STOFF,
SO DASS ER ALLE ERDENKLICHEN FARBEN ANNAHM.

WIE SCHON LOUISES GROSSMUTTER SCHENKTE AUCH LOUISES MUTTER ALTEN STOFFEN NEUES LEBEN.

AN WARMEN TAGEN SASS SIE AM UFER. IHRE NADEL GING WIE DIE WELLEN DES FLUSSES AUF UND AB UND UM SIE HERUM GLITZERTE IN ZARTEN SPINNWEBEN DER TAU.

ALS LOUISE
ZWÖLF JAHRE ALT WAR,
WEIHTEN IHRE ELTERN SIE
IN DIE GEHEIMNISSE
IHRES HANDWERKS EIN.

DIE JAHRE HATTEN VOR ALLEM DIE FARBEN AM UNTEREN RAND DER TEPPICHE ABGETRAGEN. IN LANGEN STUNDEN TRUG LOUISE SIE WIEDER AUF. BALD FLOSSEN DIE FÜSSE WIE VON SELBST AUS IHREN FINGERN. BEIM ZEICHNEN FÜHLTE SIE SICH LEICHT WIE DER FADEN EINER SPINNWEBE.

IN DER WERKSTATT VON LOUISES ELTERN HINGEN DIE TAPISSERIEN DICHT WIE DIE WEISSEN BLÜTEN DER ROBINIEN. DORT ZEIGTE DIE MUTTER IHR DIE VERSCHIEDENEN FORMEN UND FARBEN. MANCHE WANDTEPPICHE HATTEN KUNSTVOLLE MUSTER, ANDERE ERZÄHLTEN GANZE GESCHICHTEN.

DIE MUTTER ZEIGTE IHR KETTFÄDEN UND QUERFÄDEN.
SIE BILDETEN DAS GEWEBE. MAN BENÖTIGTE NUR:

SIE ZEIGTE IHR DIE ERSTAUNLICHSTEN FARBSTOFFE: SCHARLACHROT WURDE AUS SCHILDLÄUSEN GEWONNEN, INDIGO UND GELB AUS BESTIMMTEN KRÄUTERN. SCHWARZE WOLLE KAM VOM RÜCKEN SCHWARZER SCHAFE – MAN ERKANNTE SIE AN IHREM GERUCH.

LOUISES MUTTER WAR IHR EINE GUTE FREUNDIN. SIE WAR BESONNEN … GEDULDIG, SANFT … FEINSINNIG, UNENTBEHRLICH … UND SO NÜTZLICH WIE EINE ARAIGNÉE (EINE WEBSPINNE).

LOUISES VATER HANDELTE MIT SCHÖNEN DINGEN. IN EDLEN PARISER GESCHÄFTEN KAUFTE ER SEINER TOCHTER BEZAUBERNDE KLEIDER.

ER BLIEB NIE FÜR LANGE ZEIT ZU HAUSE. DAS MACHTE LOUISE SO TRAURIG, DASS NUR DAS KÜHLE FLUSSWASSER SIE TRÖSTEN KONNTE.

VON SEINEN REISEN BRACHTE
LOUISES VATER AUCH STOFFRESTE MIT,
DIE LOUISES MUTTER IN IHRER
WERKSTATT VERARBEITETE.

SIE FÜGTE ZUSAMMEN,
WAS DIE SCHERE GETRENNT HATTE.

RENTRAYAGE –
ZWEI TEILE, DIE WIEDER

GANZ

WERDEN.

LOUISE FOLGTE DEM FLUSSLAUF: IN PARIS STRÖMTE
DAS WASSER IN DIE SEINE. SIE AHNTE NICHT,
DASS IM BUNTEN GARTEN DIE WELLEN EINES TAGES
NICHT MEHR MIT DER WOLLE SPIELEN WÜRDEN.
BALD WÜRDE ZEMENT DAS FLUSSBETT SCHLIESSEN,
BALD WÜRDEN ANSTELLE DES WASSERS AUTOS RAUSCHEN,
UND DIE JAHRE AM FLUSS WÄREN NICHT MEHR ALS EINE

ERINNERUNG.

LOUISE SCHRIEB SICH FÜR EIN MATHEMATIKSTUDIUM EIN. DIE STRENGEN FORMELN IN FÄCHERN WIE GEOMETRIE ODER ASTRONOMIE GEFIELEN IHR. ÜBER MONDPHASEN UND DIE MASSE VON HIMMELSKÖRPERN KONNTE MAN NICHT STREITEN. LOUISE WAR ENTTÄUSCHT, ALS SIE FESTSTELLTE, DASS SELBST DIE MATHEMATIK – GENAU WIE DAS LEBEN – KEINE ABSOLUTE SICHERHEIT BOT.

LOUISE STUDIERTE NOCH, DA STARB
IHRE MUTTER. DER TOD BRACH IHR DAS HERZ.
SIE FÜHLTE SICH VÖLLIG VERLASSEN.
WIE EIN ABGERISSENER FADEN.

SIE KEHRTE DEM MOND
UND DEN STERNEN DEN RÜCKEN UND
VERSCHRIEB SICH DER MALEREI.
DARÜBER HATTE SIE SCHON
SO VIEL GELERNT.

BEI DER FARBE BLAU
WIRD MIR DAS HERZ SCHWER.

LOUISE ZEICHNETE.
SIE MALTE.
SIE WEBTE.
SIE VERMISSTE IHRE MUTTER
SO SEHR, DASS SIE
RIESIGE SPINNEN
AUS BRONZE, STAHL UND
MARMOR FERTIGTE
UND SIE MAMAN NANNTE.

WIE EINE SPINNE HATTE LOUISES MUTTER
ZERRISSENES GEWEBE WIEDER ZUSAMMENGEFÜGT.

EINE SPINNE, DEREN SPINNWEBE REISST,
WIRD NICHT WÜTEND. SIE SPINNT EINFACH NEUE FÄDEN.

LOUISE STAPELTE SÄMTLICHE STOFFE, DIE SIE JEMALS IN DEN HÄNDEN GEHALTEN HATTE.

DIE KLEIDER, DIE IHR VATER AUS PARIS MITGEBRACHT HATTE. BETTWÄSCHE. HANDTÜCHER TISCHDECKEN. DIE TASCHENTÜCHER IHRES FRISCHGEBACKENEN EHEMANNS –

ALLES SCHNITT SIE AUSEINANDER.

UND DANN SETZTE SIE DIE STOFFE
ÜBER JAHRE UND JAHRE
WIEDER ZUSAMMEN.

SIE NÄHTE.

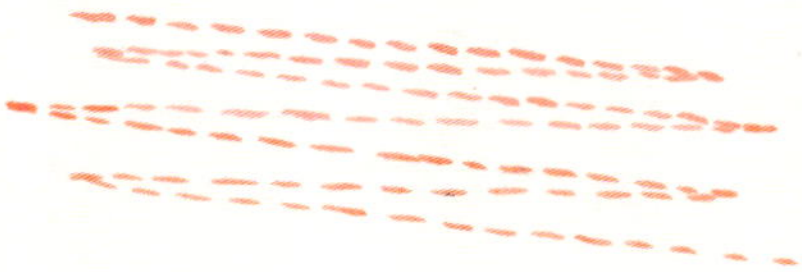

SIE STICKTE.

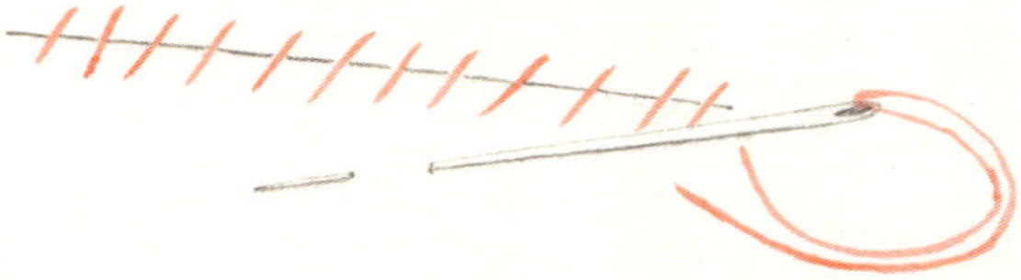

SIE STOPFTE.

SIE WEBTE.

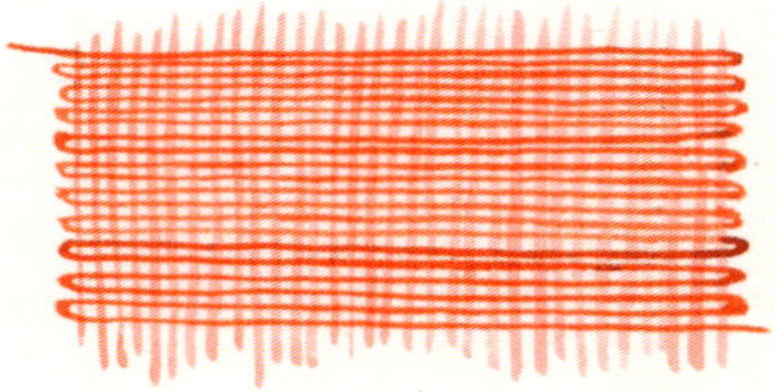

AUS STRÜMPFEN FERTIGTE SIE STOFFPUPPEN UND KLEINE SKULPTUREN.

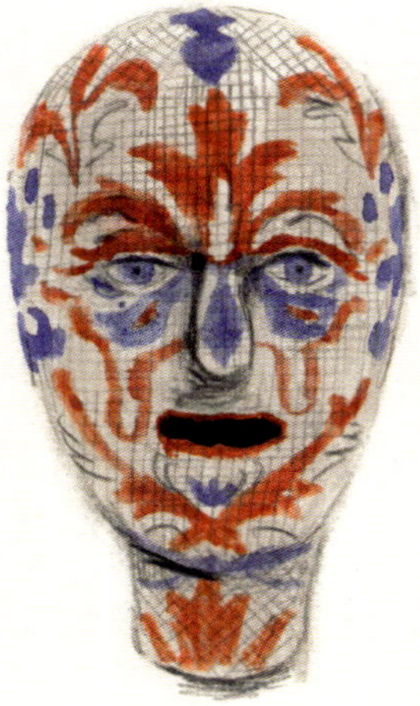

MUTTER UND TOCHTER.

SIE NÄHTE BUNTE SPIRALEN UND RUNDE NETZE.

UND SIE NÄHTE ZIERLICHE SPINNEN –
AUS PASTELLENEN BÄNDERN, AUS BUNTEN STOFFEN,
AUS WEICHEM METALL.

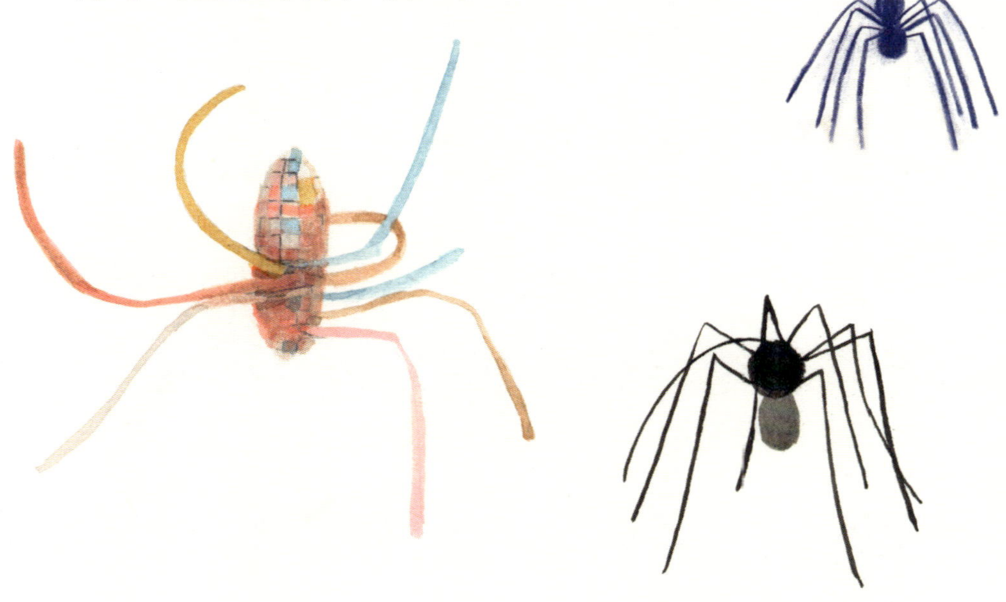

SIE NÄHTE BILDER. SIE NÄHTE BÜCHER. DIE WEISSEN SEITEN DARIN WAREN DIE TISCHWÄSCHE VON IHRER HOCHZEIT. LOUISE NÄHTE BÜCHER ÜBER GLEISSENDE TAGE, ÜBER DÜSTERE NÄCHTE UND ÜBER DIE STERNE, DENEN SIE EINST IHR LEBEN HATTE WIDMEN WOLLEN.

UND WEIL SIE NICHTS AUS IHREM LEBEN VERGESSEN WOLLTE, NÄHTE SIE EIN BUCH ÜBER DAS VERGESSEN.

WENN LOUISE WEBTE,
MACHTE SIE
DIE DINGE WIEDER
GANZ.

AUS DEM RESTLICHEN STOFF WEBTE LOUISE EIN LIED. IN DIESEM LIED VERFLOCHT UND VERKNÜPFTE SIE IHRE LIEBSTEN ERINNERUNGEN: DIE ERINNERUNG AN DEN FLUSS MIT SEINEM WASSER SO BLAU, DASS IHR DAS HERZ SCHWER WURDE, UND MIT SEINEN WELLENKÄMMEN SO WEISS WIE DIE BLÜTEN DER ROBINIEN. DIE ERINNERUNG AN IHRE MUTTER, DIE UNTER DER SONNE DIE NADEL AUF UND AB GEHEN LIESS. UND DIE ERINNERUNG AN DAS KLEINE MÄDCHEN, DAS UNTER DEM HIMMELSZELT IN DEN SCHLAF FIEL.

ALS LOUISE SICH DANN IN DAS GEWEBE
IHRES LEBENS HÜLLTE, FÜHLTE SIE
DEN STOFF ZART WIE UNZÄHLIGE SPINNENBEINE
ÜBER SICH GEHEN UND LAUSCHTE DEM LIED,
DAS DER FLUSS FÜR SIE SUMMTE.

ANMERKUNG

LOUISE JOSEPHINE BOURGEOIS IST ALS BILDENDE KÜNSTLERIN IN DER GANZEN WELT BERÜHMT. BESONDERS BEKANNT SIND IHRE SKULPTUREN AUS HOLZ, METALL, MARMOR UND LATEX UND DIE RIESIGEN SPINNEN, DIE AUF DEN ERSTEN BLICK ETWAS GRUSELIG WIRKEN. SIE VERLIEREN JEDOCH IHREN SCHRECKEN, WENN MAN BEDENKT, DASS SPINNEN WUNDERSCHÖNE NETZE WEBEN UND AUSBESSERN, GENAU WIE LOUISES MUTTER. DIE GRÖSSTE SPINNENSKULPTUR HAT LOUISE *MAMAN* GENANNT. SIE BESTEHT AUS BRONZE UND MARMOR UND IST FAST ZEHN METER HOCH.

DAS HANDWERK IHRER ELTERN HATTE GROSSEN EINFLUSS AUF LOUISES SCHAFFEN: IHR GANZES LEBEN ARBEITETE SIE MIT TEXTILIEN. IHRE STOFFZEICHNUNGEN UND -BÜCHER ENTSTANDEN JEDOCH ERST ZEHN JAHRE VOR IHREM TOD. DARIN SETZTE LOUISE SICH NICHT NUR MIT DEM ALTERN AUSEINANDER, SONDERN VERARBEITETE AUCH IHRE ERINNERUNGEN. SIE BETONTE IMMER WIEDER, DASS IHR WERK VON IHREN ELTERN – VOR ALLEM VON IHRER MUTTER – UND IHRER KINDHEIT INSPIRIERT IST:

> MEINE KINDHEIT HAT NIE IHRE MAGISCHE KRAFT,
> NIE IHR GEHEIMNISVOLLES DUNKEL,
> NIE IHRE DRAMATIK VERLOREN.

LOUISE WURDE AM 25. DEZEMBER 1911 IN PARIS GEBOREN UND WUCHS IN CHOISY-LE-ROI UND ANTONY AUF, WO IHRE ELTERN EINE RESTAURATIONS-WERKSTATT FÜR TAPISSERIEN UNTERHIELTEN. SIE ERLERNTE DAS HANDWERK UND STUDIERTE AUSSERDEM MATHEMATIK AN DER SORBONNE.

NACH DEM TOD IHRER MUTTER VERSCHRIEB LOUISE SICH VOLL UND GANZ DER KUNST. NACHDEM SIE GEHEIRATET HATTE, SIEDELTE SIE NACH NEW YORK ÜBER UND ZOG DORT DREI SÖHNE GROSS. ZUNÄCHST FAND IHRE KÜNSTLERISCHE ARBEIT KEINE ANERKENNUNG UND LOUISE FERTIGTE WEBARBEITEN AN, UM IHRE FAMILIE ÜBER WASSER ZU HALTEN. ALS SIE 32 JAHRE ALT WAR, WURDE IHRE ERSTE EIGENE TAPISSERIE AUSGESTELLT, SECHS JAHRE SPÄTER FOLGTE IHRE ERSTE SKULPTUR. 1951 STARB LOUISES VATER UND DAMIT WURDE DIE RESTAURATIONSWERKSTATT IHRER ELTERN GESCHLOSSEN. LOUISE FÜHRTE DIE TRADITION JEDOCH AUF IHRE WEISE FORT. IN EINER FRÜHEREN TEXTILFABRIK IN BROOKLYN MIETETE SIE EIN ATELIER, IN DEM AUCH ZAHLREICHE NÄHMASCHINEN STANDEN.

LOUISE BOURGEOIS MIT SPIDER IV (1996, AUSSCHNITT)
FOTO: © PETER SUMNER WALTON BELLAMY / SKULPTUR: © THE EASTON FOUNDATION / MIT FREUNDLICHER GENEHMIGUNG VON VAGA, NEW YORK

LOUISE BOURGEOIS
SPIDER, 2003, METALL UND STOFF, 50 X 60 X 65 CM
FOTO: CHRISTOPHER BURKE, © THE EASTON FOUNDATION / MIT FREUNDLICHER GENEHMIGUNG VON VAGA, NEW YORK

1982 ZEIGTE DAS MUSEUM OF MODERN ART IN NEW YORK EINE GROSSE AUSWAHL VON LOUISES ARBEITEN UND DAMIT WURDE SIE ENDGÜLTIG EINE DER WICHTIGSTEN ZEITGENÖSSISCHEN KÜNSTLERINNEN. BIS INS HOHE ALTER SCHUF SIE NEUE WERKE UND STARB SCHLIESSLICH 2010 IM ALTER VON 98 JAHREN.

NACH DEM TOD IHRER MUTTER VERSCHRIEB LOUISE SICH VOLL UND GANZ DER KUNST. NACHDEM SIE GEHEIRATET HATTE, SIEDELTE SIE NACH NEW YORK ÜBER UND ZOG DORT DREI SÖHNE GROSS. ZUNÄCHST FAND IHRE KÜNSTLERISCHE ARBEIT KEINE ANERKENNUNG UND LOUISE FERTIGTE WEBARBEITEN AN, UM IHRE FAMILIE ÜBER WASSER ZU HALTEN. ALS SIE 32 JAHRE ALT WAR, WURDE IHRE ERSTE EIGENE TAPISSERIE AUSGESTELLT, SECHS JAHRE SPÄTER FOLGTE IHRE ERSTE SKULPTUR. 1951 STARB LOUISES VATER UND DAMIT WURDE DIE RESTAURATIONSWERKSTATT IHRER ELTERN GESCHLOSSEN. LOUISE FÜHRTE DIE TRADITION JEDOCH AUF IHRE WEISE FORT. IN EINER FRÜHEREN TEXTILFABRIK IN BROOKLYN MIETETE SIE EIN ATELIER, IN DEM AUCH ZAHLREICHE NÄHMASCHINEN STANDEN.

LOUISE BOURGEOIS MIT SPIDER IV (1996, AUSSCHNITT)
FOTO: © PETER SUMNER WALTON BELLAMY / SKULPTUR: © THE EASTON FOUNDATION / MIT FREUNDLICHER GENEHMIGUNG VON VAGA, NEW YORK

LOUISE BOURGEOIS
SPIDER, 2003, METALL UND STOFF, 50 X 60 X 65 CM
FOTO: CHRISTOPHER BURKE, © THE EASTON FOUNDATION / MIT FREUNDLICHER GENEHMIGUNG VON VAGA, NEW YORK

1982 ZEIGTE DAS MUSEUM OF MODERN ART IN NEW YORK EINE GROSSE AUSWAHL VON LOUISES ARBEITEN UND DAMIT WURDE SIE ENDGÜLTIG EINE DER WICHTIGSTEN ZEITGENÖSSISCHEN KÜNSTLERINNEN. BIS INS HOHE ALTER SCHUF SIE NEUE WERKE UND STARB SCHLIESSLICH 2010 IM ALTER VON 98 JAHREN.

QUELLEN

S. 11: [BEIM ZEICHNEN FÜHLTE SIE SICH LEICHT] "WIE DER FADEN EINER SPINNWEBE". FRANCES MORRIS UND MARIE-LAURE BERNADAC (HG.): LOUISE BOURGEOIS. LONDON: TATE PUBLISHING 2007. (ÜBERSETZUNG: KATHARINA BENDIXEN UND DAVID BLUM)

S. 15: [LOUISES MUTTER WAR IHR EINE GUTE FREUNDIN. SIE WAR] "BESONNEN ... GEDULDIG, SANFT ... FEINSINNIG, UNENTBEHRLICH ... UND SO NÜTZLICH WIE EINE ARAIGNÉE (EINE WEBSPINNE)". LOUISE BOURGEOIS: ODE À MA MÈRE. PARIS: LES ÉDITIONS DU SOLSTICE 1995. (ÜBERSETZUNG ZITIERT NACH LOUISE BOURGEOIS: DESTRUCTION OF THE FATHER. RECONSTRUCTION OF THE FATHER. SCHRIFTEN UND INTERVIEW 1923–2000. HG. VON MARIE-LAURE BERNADAC UND HANS-ULRICH OBRIST. AUS DEM AMERIKANISCHEN VON TARCISIUS SCHELBERT UND INGE PRESSER. ZÜRICH: AMMANN 2001.)

S. 22: "BEI DER FARBE BLAU WIRD MIR DAS HERZ SCHWER." ANN COXON: LOUISE BOURGEOIS. LONDON: TATE PUBLISHING 2010. (EINTRAG IN TAGEBUCH LOUISES AM 28. MÄRZ 1986) (ÜBERSETZUNG: KATHARINA BENDIXEN UND DAVID BLUM)

S. 25: "EINE SPINNE, DEREN SPINNWEBE ZERREISST, WIRD NICHT WÜTEND. SIE SPINNT EINFACH NEUE FÄDEN." ANN COXON: LOUISE BOURGEOIS. LONDON: TATE PUBLISHING 2010. (AUS EINEM INTERVIEW MIT CECILIA BLOMBERG, 1985) (ÜBERSETZUNG: KATHARINA BENDIXEN UND DAVID BLUM)

S. 36: "MEINE KINDHEIT HAT NIE IHRE MAGISCHE KRAFT, NIE IHR GEHEIMNISVOLLES DUNKEL, NIE IHRE DRAMATIK VERLOREN." LOUISE BOURGEOIS: ALBUM. NEW YORK: PETER BLUM EDITION / BLUMARTS 1994. (ÜBERSETZUNG ZITIERT NACH LOUISE BOURGEOIS: DESTRUCTION OF THE FATHER. RECONSTRUCTION OF THE FATHER. SCHRIFTEN UND INTERVIEW 1923–2000. HG. VON MARIE-LAURE BERNADAC UND HANS-ULRICH OBRIST. AUS DEM AMERIKANISCHEN VON TARCISIUS SCHELBERT UND INGE PRESSER. ZÜRICH: AMMANN 2001.)

FÜR L. B. UND FÜR BONNY, MEINE MAMAN.
UND FÜR TAMAR, WEIL SIE DIESE GESCHICHTE LIEBT.
– A. N.

POUR TOI MAMAN.
– I. A.

DIE ILLUSTRATIONEN IN DIESEM BUCH WURDEN MIT TINTE, BLEISTIFT, PASTELLKREIDE UND WASSERFARBEN ANGEFERTIGT UND MIT PHOTOSHOP BEARBEITET.

DIESES BUCH IST TEIL UNSERES PROGRAMMS E. A. SEEMANNS BILDERBANDE. ES UMFASST BÜCHER UND SPIELE, DIE KINDERN MIT VIEL SPASS DIE BUNTE WELT DER KUNST ERÖFFNEN: MALEREI, ARCHITEKTUR UND KULTUR, MUSIK, OPER, THEATER UND TANZ. DIE BILDERBANDE MACHT BÜCHER ZUM RÄTSELN, MALEN, ENTDECKEN UND KUNSTMACHEN, GESCHICHTEN ZUM VORLESEN UND SPIELE.
© 3. AUFLAGE 2026, E. A. SEEMANN IN DER E. A. SEEMANN HENSCHEL GMBH & CO. KG, LEIPZIG
KARL-TAUCHNITZ-STR. 6 I D-04107 LEIPZIG
PRODUKTSICHERHEIT@SEEMANN-HENSCHEL.DE I WWW.SEEMANN-HENSCHEL.DE

TEXT © 2016 AMY NOVESKY
ILLUSTRATIONEN © 2016 ISABELLE ARSENAULT
ENGLISCHE ORIGINALPUBLIKATION 2016, HARRY N. ABRAMS, INCORPORATED, NEW YORK
ENGLISCHER ORIGINALTITEL: CLOTH LULLABY. THE WOVEN LIFE OF LOUISE BOURGEOIS
(ALLE RECHTE WELTWEIT HARRY N. ABRAMS, INC.)
DIE KUNSTWERKE, SCHRIFTEN UND ARCHIVMATERIALIEN VON LOUISE BOURGEOIS UNTERLIEGEN DEM URHEBERRECHT © THE EASTON FOUNDATION I LIZENZIERT DURCH VAGA, NEW YORK, NY

PROJEKTMANAGEMENT: CAROLINE KELLER, THEA FERBER
HERSTELLUNG: SABINE ARTNER
COVERGESTALTUNG: NICOLE SCHWARZ, BERLIN
SATZ: JEANETTE STEINBERG, BUCHGESTALTUNG I MEDIENDESIGN, LEIPZIG
REPRODUKTIONEN: MEDIEN PROFIS GMBH, LEIPZIG
DRUCK UND BINDUNG: BITTNER PRINT S.R.O., BRATISLAVA

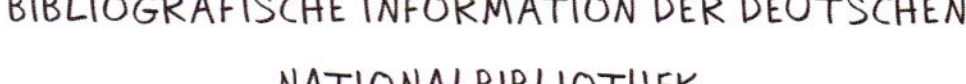
BIBLIOGRAFISCHE INFORMATION DER DEUTSCHEN NATIONALBIBLIOTHEK
DIE DEUTSCHE NATIONALBIBLIOTHEK VERZEICHNET DIESE PUBLIKATION IN DER DEUTSCHEN NATIONALBIBLIOGRAFIE; DETAILLIERTE BIBLIOGRAFISCHE DATEN SIND IM INTERNET ÜBER HTTP://DNB.DNB.DE ABRUFBAR.

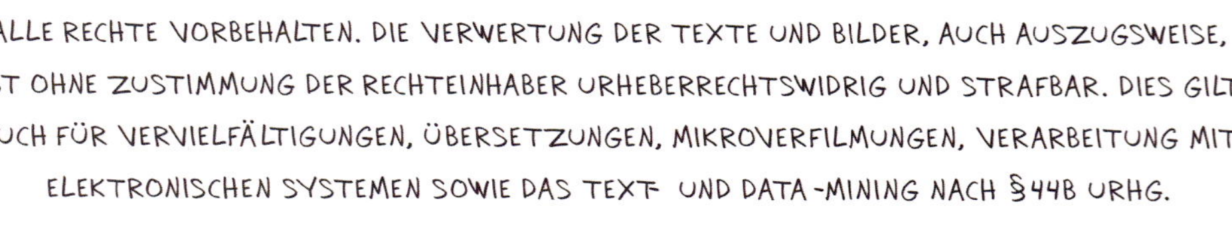
ALLE RECHTE VORBEHALTEN. DIE VERWERTUNG DER TEXTE UND BILDER, AUCH AUSZUGSWEISE, IST OHNE ZUSTIMMUNG DER RECHTEINHABER URHEBERRECHTSWIDRIG UND STRAFBAR. DIES GILT AUCH FÜR VERVIELFÄLTIGUNGEN, ÜBERSETZUNGEN, MIKROVERFILMUNGEN, VERARBEITUNG MIT ELEKTRONISCHEN SYSTEMEN SOWIE DAS TEXT- UND DATA-MINING NACH §44B URHG.

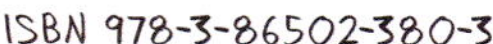
ISBN 978-3-86502-380-3